BEI GRIN MACHT SICH IHR WISSEN BEZAHLT

- Wir veröffentlichen Ihre Hausarbeit, Bachelor- und Masterarbeit

- Ihr eigenes eBook und Buch - weltweit in allen wichtigen Shops

- Verdienen Sie an jedem Verkauf

Jetzt bei www.GRIN.com hochladen und kostenlos publizieren

Lars Pingel

Energetische Nutzung von Erdöl - Künftige Entwicklung, Reserven und Prognosen

GRIN Verlag

Bibliografische Information der Deutschen Nationalbibliothek:

Die Deutsche Bibliothek verzeichnet diese Publikation in der Deutschen National-
bibliografie; detaillierte bibliografische Daten sind im Internet über http://dnb.d-
nb.de/ abrufbar.

Dieses Werk sowie alle darin enthaltenen einzelnen Beiträge und Abbildungen
sind urheberrechtlich geschützt. Jede Verwertung, die nicht ausdrücklich vom
Urheberrechtsschutz zugelassen ist, bedarf der vorherigen Zustimmung des Verla-
ges. Das gilt insbesondere für Vervielfältigungen, Bearbeitungen, Übersetzungen,
Mikroverfilmungen, Auswertungen durch Datenbanken und für die Einspeicherung
und Verarbeitung in elektronische Systeme. Alle Rechte, auch die des auszugsweisen
Nachdrucks, der fotomechanischen Wiedergabe (einschließlich Mikrokopie) sowie
der Auswertung durch Datenbanken oder ähnliche Einrichtungen, vorbehalten.

Impressum:

Copyright © 2007 GRIN Verlag GmbH
Druck und Bindung: Books on Demand GmbH, Norderstedt Germany
ISBN: 978-3-640-14195-1

Dieses Buch bei GRIN:

http://www.grin.com/de/e-book/113389/energetische-nutzung-von-erdoel-kuenftige-
entwicklung-reserven-und-prognosen

GRIN - Your knowledge has value

Der GRIN Verlag publiziert seit 1998 wissenschaftliche Arbeiten von Studenten, Hochschullehrern und anderen Akademikern als eBook und gedrucktes Buch. Die Verlagswebsite www.grin.com ist die ideale Plattform zur Veröffentlichung von Hausarbeiten, Abschlussarbeiten, wissenschaftlichen Aufsätzen, Dissertationen und Fachbüchern.

Besuchen Sie uns im Internet:

http://www.grin.com/

http://www.facebook.com/grincom

http://www.twitter.com/grin_com

Fakultät
Ressourcenmanagement
Göttingen

HAWK HOCHSCHULE
FÜR ANGEWANDTE
WISSENSCHAFT UND KUNST

Fachhochschule
Hildesheim/Holzminden/
Göttingen

University of Applied
Sciences and Arts

Fakultät Ressourcenmanagement

Referat

im Studiengang „Nachwachsende Rohstoffe und Erneuerbare Energien"

Lehrgebiet: **Erneuerbare und nichterneuerbare Ressourcen**

Thema: **„Energetische Nutzung von Erdöl - Künftige Entwicklung, Reserven und Prognosen"**

vorgelegt von **Lars Pingel**

am **25.05.07**

Inhaltsverzeichnis

1. Einleitung

In der Geschichte des Menschen spielte die Energieversorgung schon immer eine elementare Rolle. Im Zuge der industriellen Revolution bis hin in unsere moderne Zeit ist der Anspruch und Verbrauch an Energieträgern enorm angestiegen. Eine gut funktionierende Energieversorgung stellt die Basis dar, auf welcher sich ein Staat, Industrie und ein gemeinsames Beisammensein entwickeln kann bzw. im Wohlstand leben kann.

Unter den Energieträgern gibt es einen Herausragenden, der wie kein anderer einen so hohen Anteil (40,9 %) an dem derzeitigen Weltprimärenergieverbrauch (ca. 450 EJ) einnimmt und in einem so erheblichem Maße die Geschehnisse auf unserer Erde beeinflusst [1]. Gemeint ist das Erdöl, welches zum größten Teil im energetischen Bereich verwertet wird, wie z.b. zur Wärme- und Kraftstofferzeugung. Weltweit werden 95 % der Motorenbenzine aus Erdöl gewonnen, Dieselöl für Autos und Schiffe, Kerosin für den Flugverkehr, Heizöl für Fabriken und Haushalte [2]. In der Industrie wird es auch für nicht energetische Zwecke eingesetzt, wie z.B. zur Herstellung von Schmier- und Maschinenölen, Lösungsmitteln, Kunst- und Farbstoffen, Waschmitteln, pharmazeutischen Produkten und vielen anderen chemischen Verbindungen .

Allerdings ist für uns das Erdöl und somit auch die Energie, die aus Erdöl „gewonnen" bzw. umgewandelt wird, mittlerweile zu etwas Selbstverständlichem geworden. Erdöl ist einfach da! Das jedoch die Erdölressourcen auch mal zu Ende gehen könnten, wird einem im Alltag gar nicht so recht bewusst. Der energieintensive Lebensstil der westlichen Industriestaaten hat in nur wenigen Jahrzehnten praktisch die Hälfte des schwarzen Goldes verbraucht, welches sich in Jahrmillionen angesammelt hat [3]. Im Ungefähren kann man sich also ausrechnen, dass unsere Erdölressourcen auf dieser Erde nicht mehr lange ausreichen und das die dann fehlenden 40,9 % am globalen Primärenergieverbrauch (PEV) durch andere Energieträger substituiert werden müssen. Daher gilt schon heute, dass wir möglichst schonend mit unseren Ressourcen umgehen und auch alternative Energien in unser Energieversorgungskonzept mit integrieren. Die alternativen Energien tragen derzeit allerdings nur zu einem relativ geringem Maße (5,53 %) am globalen PEV bei, sodass sich unser Alltag und Leben stärker denn je am Erdöl orientiert [1]. Aus dieser Problematik stellen sich für uns somit insbesondere die Fragen, wie viel Erdöl es eigentlich noch gibt, wie lange wir noch auf die Ressource Erdöl zurückgreifen können und in welchem Maße das „schwarze Gold" unser Leben und den Markt von morgen prägen wird.

2. Geologische und physikalische Daten

2.1. Zusammensetzung und Definition des Erdöls

Erdöl, auch Petroleum genannt, ist ein kompliziertes Gemisch aus etwa 500 verschiedenen Kohlenwasserstoffen, hauptsächlich Aliphaten, Naphthenen und Aromaten mit wechselnden Anteilen ungesättigter Kohlenwasserstoffe [7]. Erdöl enthält außerdem organische Säuren, Phenole, schwefel- und stickstoffhaltige organische Verbindungen sowie asphaltartige Stoffe. Die Farbe ist wasserklar bis fast schwarz. Die Dichte des Erdöls liegt zwischen 0,65 und 1,02 kg/l [2].

Die Familie der Kohlenwasserstoffe ist sehr groß und jedes Mitglied hat seine eigenen Beschaffenheiten und Charakteristika, welche die Kosten und Abbauprofile bestimmen. Es gibt viele Wege, die Kohlenwasserstoffe zu klassifizieren, wobei die Gefahr besteht, Äpfel mit Birnen zu vergleichen. Etwa 95 % des bisher gefundenen Öls sind recht leicht zu identifizieren [3]. Dieses gewöhnliche Öl entströmt den künstlichen Bohrlöchern und wird mit Hilfe von Druck und Wasser gefördert. Für den Begriff „konventionelles Öl" gibt es allerdings keine allgemeingültige Definition. Im allgemeinen versteht man aber unter konventionellem Öl, das Öl, dass unter heutigen Bedingungen wirtschaftlich gefördert werden kann. Unter „unkonventionellem Öl" versteht man vor allem die Öle die aus Schiefer, Ölsanden und Kohle gewonnen werden, besonders schweres Öl sowie Tiefsee- und Polaröl [4]. Auch die Kondensatmengen zählt man dazu, die noch aus sehr alten Feldern gefördert werden, sowie synthetisches, aus Gas produziertes Öl. Auf die Bedeutung und Problematik der unkonventionellen Öle wird im Verlauf dieser Ausarbeitung noch Stellung genommen.

2.2. Entstehung des Erdöls

Erdöl und Erdgas sind organische Rückstände früherer Lebewesen, Pflanzen, Bakterien, Algen und anderer Mikroorganismen, die in marinen Sedimenten (Meeresablagerungen) eingebettet und umgewandelt wurden [4]. Dieser langwierige Prozess läuft aber nur unter ganz bestimmten Bedingungen ab und kam dementsprechend nur sehr selten in unserer geologischen Geschichte vor.

Damit sich überhaupt Öl und Gas bilden können, braucht es erst mal ein sehr hohes Vorkommen von Algen und Plankton in einem relativ niedrigen Gewässer. Diese Bedingungen herrschen in Ablagerungsräumen, in denen die Produktion von biogenem Material (Lebewesen, Pflanzen etc.) hoch ist, wie etwa in küstennahen Bereichen (Schelfe) des Meeres, wo große Mengen von Organismen gedeihen. Mit 30 Mio. km^2 umfassen die Schelfe nur 8,3 % des Meeresbodens, stellen jedoch rund 30 % der nachgewiesenen Welt-Erdölreserven sowie 90 % des Weltfischereiertrages [2]. Allerdings würde man in der heutigen Zeit ein schnelles Algenwachstum eher als Bedrohung ansehen, da die Algen aus dem Wasser so viel Sauerstoff entnehmen, dass alles andere Leben praktisch erstickt wird. Doch eine noch so große Ansammlung von organischem Material in Oberflächengewässern wäre noch keine hinreichende Bedingung für die Entstehung von Erdöl, da diese Materie größtenteils am Meeresboden oxidieren oder von anderen Organismen verzehrt werden würde. Um diese organische Materie irgendwie zu konservieren, muss es stehende und sauerstofflose Umgebungen geben. Tiefe Seen oder schmale tektonische Mulden mit kleinen oder nur minimalen Strömungen bieten solche Voraussetzungen. Hat sich dann eine Mulde mit organischem Material gefüllt, so muss diese von einer Sedimentschicht isolierend überdeckt werden. Ist die Mulde verschlossen, so wird nun die organische Materie von anaeroben Mikroben zu einer organischen Masse umgewandelt, die viel Kohlenstoff und nur noch wenig Wasserstoff enthält.

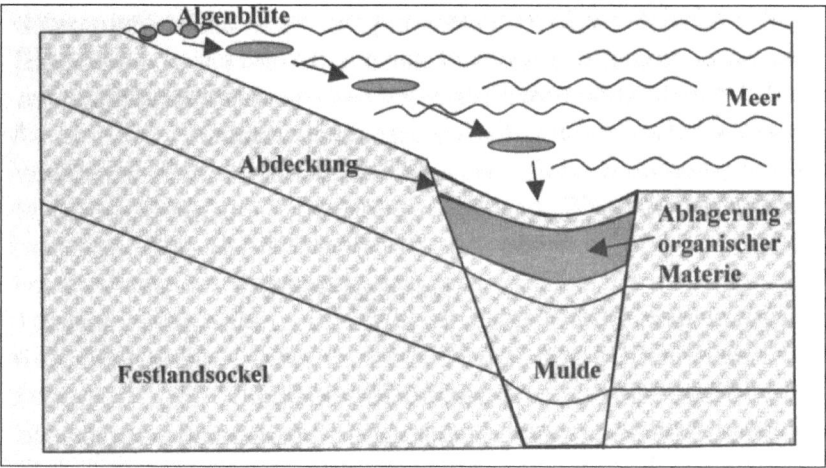

Abb. 1 Entstehung von Erdöl [3]

Der im Laufe dieser chemischen Reaktion entstandene unlösliche organische Rückstand wird Kerogen genannt, das Vorläuferprodukt des Erdöls. Aufgrund der kontinuierlichen Überdeckung mit Sedimenten wird die Last irgendwann so groß, dass das organische Material langsam absinkt. Ab einer Tiefe von etwa 2.000 m erfolgt nun der letzte Schritt im Entstehungsprozess des Erdöls. Unter hohem Druck und unter hohen Temperaturen wird das Kerogen schlussendlich zu Erdöl umgewandelt. In einer Tiefe von ca. 4.000 - 5.000 m, welche als metagenetische Zone bezeichnet wird, kann kein Öl mehr entstehen, da unter den hohen Temperaturen der Zusammenhalt der Ölmoleküle auseinander bricht und nur noch Erdgas produziert wird [3]. Der hohe Druck in der Tiefe quetscht das Öl aus dem

Muttergestein heraus, wobei es in die nächste poröse Gesteinsschicht gelangt. Da Öl leichter ist als Wasser, wandert es in den Porenräumen des Speichergesteins (z.b. Sandsteine) aus der Tiefe so lange nach oben bis es in einer „Falle" gefangen wird. Diese natürlichen Fallen entstehen dort, wo Speichergestein nach oben hin durch undurchlässige Schichten aus Ton oder Salz abgedichtet ist. In einer Art Kuppel des Speichergesteins fangen sich immer mehr Erdöltröpfchen und bilden Erdöllagerstätten. Diese sind also keine riesigen, unterirdischen Ölseen, sondern vielmehr poröse Gesteinsschichten, die sozusagen wie ein Schwamm mit Erdöl vollgesogen sind [4].

3. Menge der Erdölreserven und der Erdölförderung

Es wurde gezeigt, dass sehr spezielle Voraussetzungen für die Entstehung von Erdöl erforderlich sind. Die Kombination dieser Ereignisse war selten in der Erdgeschichte und ist bzw. war nur an wenigen Orten gegeben. So weiß man z.b., dass es keinen Sinn macht, in Gegenden mit magmatischem Gestein wie Granit oder Gneis nach Erdöl zu suchen, sondern nur dort, wo in Vorzeiten Meeressedimente organisches Material einschlossen.

Summiert man alles Öl auf, das bis heute gefunden wurde, so erhält man die sogenannten „kumulierten Funde". Diese betragen in etwa 2.070 Gb, wobei Flüssiggas und Kondensat mit einbezogen sind, wie es in den meisten Statistiken der Fall ist [3]. Zieht man davon die bereits produzierte Menge an Öl ab, so erhält man die Ölreserven, die noch vorhanden sind. Ende 2001 waren das noch 1.112 Gb [3].

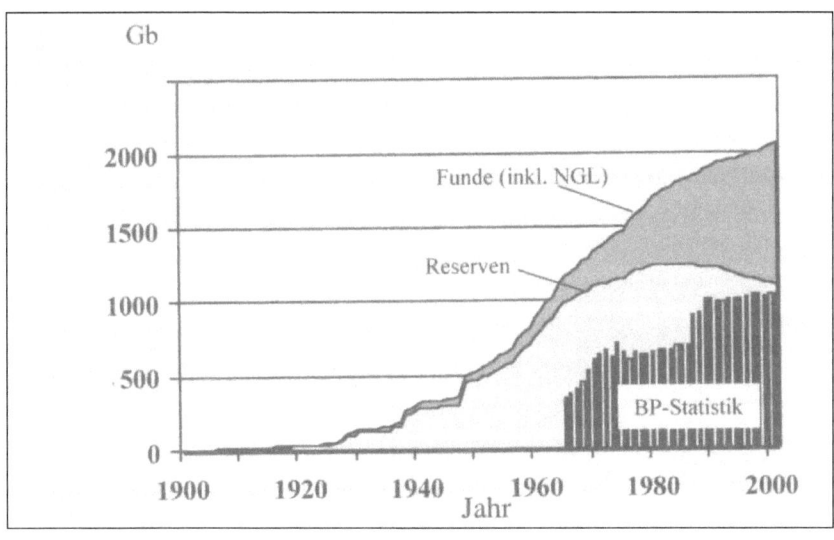

Abb. 2 Summenkurve der weltweiten Ölfunde und historische Entwicklung der Ölreserven [3]

Mengenmäßig wurde das meiste Erdöl in den 1960er Jahren gefunden. Damals waren es im Mittel ca. 40 Gb pro Jahr [3]. Seit dieser Zeit gehen die jährlichen Ölfunde zurück. Auch die verstärkten Explorationsbemühungen Anfang der 1980er Jahre, ausgelöst durch die vorangegangenen Ölpreisschocks, konnten den Trend der geringer werdenden Funde kaum beeinflussen. Seit etwa 20 Jahren übersteigt die jährliche Produktion die Neufunde. Im Jahr 2002 betrug die Weltjahresförderung von Erdöl ca. 27 Gb pro Jahr bzw. 74 Mb pro Tag [3]. Die Welt ist heute weitgehend erforscht worden, dass man relativ sicher sein kann, dass praktisch alle produktiven Becken mit konventionellem Öl bereits entdeckt worden sind.

Natürlich kann man die Möglichkeit nicht ausschließen, dass man einen wenig produktiven Graben übersehen hat. Das gilt besonders für sehr entlegene Regionen oder solchen, die für die internationale Industrie bisher verschlossen blieben, wie z.B. der Mongolei [3]. Aber es dürfte so gut wie sicher sein, dass die größte Menge des Noch-zu-Entdeckenden in den immer kleiner werdenden Feldern der bestehenden produktiven Becken liegt. Aus der historischen Entwicklung der Funde kann man durch Analyse und Extrapolation mit einiger Verlässigkeit sagen, wie viel Öl man noch finden wird. Beispielsweise ist die Anzahl der durchgeführten Bohrungen ein wichtiges Kriterium für die Schätzung der zu erwartenden Mengen. Dieses kann man sehr gut an dem Beispiel der britischen Nordsee erkennen. Mit den ersten 500 Bohrungen wurden 20 Gb Öl gefunden. Die nächsten 500 Bohrungen erbrachten nur noch einen Zuwachs von etwa 5 Gb, die dritten 500 Bohrungen nur noch 3 Gb [3]. Die 1.500. - 2.000. Bohrungen waren zwar wesentlich erfolgreicher als die ersten Bohrungen, da weniger „trockene Löcher" gebohrt wurden, da aber die Funde deutlich kleiner waren als in der Frühphase, konnten damit nur noch ca. 2 Gb hinzugefügt werden. Die darauf folgenden Bohrungen deuteten eine weitere Sättigung an. Aus der Extrapolation dieser Entwicklung kann man die künftige Erfolgsrate der einzelnen Bohrungen und die noch insgesamt auffindbare Ölmenge auf etwas mehr als 1 Gb abschätzen [3].

Die insgesamt förderbare Menge, im englischen kurz EUR (Estimated Ultimate Recovery) genannt, wird als die Gesamtmenge von konventionellen Öl definiert, die bis zum Ende der Förderung gewonnen werden kann [3]. Die meisten während der letzten 50 Jahre veröffentlichen Schätzungen stützen sich auf die heute immer noch praktizierte altmodische Beurteilung, wie sie im oberen Absatz skizziert wurde. 1942 schienen noch 600 Gb als förderbare Menge realistisch [3]. Der Großteil davon befand sich auf dem Festland. Die Vereinigten Staaten waren zu dieser Zeit die Hauptproduzenten. Mit der Erschließung der Ölquellen im Meer und der Entdeckung mehrerer riesiger Felder vor allem im mittleren Osten stiegen die Schätzungen stetig an und erreichten 1969 einen Höchstwert von 3.550 Gb [3]. Zu dieser Zeit wusste man aber noch nicht das man das Maximum der jährlichen Neufunde erreicht hatte. Erst als in den folgenden Jahren auch die Rate der jährlichen Funde zurückging, konnte man verlässlichere Abschätzungen der künftig noch möglichen Funde vornehmen. Heute geht man von ca. 2.000 Gb EUR aus [3].

Zieht man von der insgesamt förderbaren Menge das Öl ab, das bereits gefunden wurde, so erhält man die Angabe, wie viel Öl noch in Zukunft gefördert werden kann. Diese Menge ist größer als die bekannten Ölreserven, da diese schon das Öl mit einbeziehen, welches man vermutlich noch entdecken wird. In der Abb. 3 sind die Angaben über Gesamtfördermenge, bereits Produziertes, noch zu Findendes und noch zu Produzierendes zusammengefasst.

Region	EUR	produziert	Reserven	zu finden	zu pro- duzieren
Mittlerer Osten	751	225	483	43	526
Ehem. Sowjetunion	333	176	126	31	157
Lateinamerika	203	102	84	18	102
Afrika	168	75	81	11	92
Nordamerika	223	187	28	7	35
Europa	76	40	30	6	36
Asien	74	40	28	5	33
Sonstige	56	27	22	6	28
Sicherheitszuschlag	17	–	–	17	17
Welt	1900	873	884	144	1028

Abb. 3 Gesamtsumme der Reserven und des Noch-Zu-Findenden [3]

1.028 Gb ist die Gesamtsumme der Reserven und des Noch-zu-Findenden. Ungefähr die Hälfte davon liegt in den fünf Staaten des Mittleren Ostens, den sogenannten Golf-Anrainerstaaten.

4. Die zukünftige Entwicklung der weltweiten Ölförderung

Die Ölförderung eines jeden Ölfeldes, beginnend mit seiner Erschließung bis zum Versiegen, hat den Verlauf einer Glockenkurve. Anfangs sorgt der hohe Druck im Ölfeld für eine leichte Produktion. Die Produktionsrate kann durch den Zubau neuer Förderanlagen gesteigert werden. Daher steigt zunächst die Produktion des Feldes exponentiell an. Je mehr aber gefördert wird, desto mehr sinkt der Druck im Ölfeld ab [6]. Die Förderung des verbleibenden Öls erfordert zunehmend mehr Aufwand. Die Zähigkeit des Öls beginnt das Produktionsverhalten zu bestimmen. Der Zubau weiterer Fördersonden in einem bestehenden Feld kann zur verstärkten Druckabnahme und kurzfristig zu einer Ausweitung der Produktion führen. Schließlich erreicht das Ölfeld sein Produktionsmaximum (Peak Oil) und die Entnahmerate aus dem Feld wird geringer, die Produktion geht zurück. Moderne Produktionsmethoden (Erhöhung des Druckes durch Einpressen von Wasser oder Gas, Reduktion der Zähigkeit des Öls durch Erhitzen oder durch chemische Additive), die seit nunmehr 20 Jahren erfolgreich angewendet werden, können allenfalls den Produktionsabfall etwas hinauszögern, aber nicht verhindern [3]. Tatsächlich zeigen sie nur Erfolg, wenn das Ölfeld schon weit über das Produktionsmaximum hinaus ausgebeutet worden ist. Nach allen Erfahrungen geht jedoch der Rückgang der Förderrate anschließend noch schneller von statten.

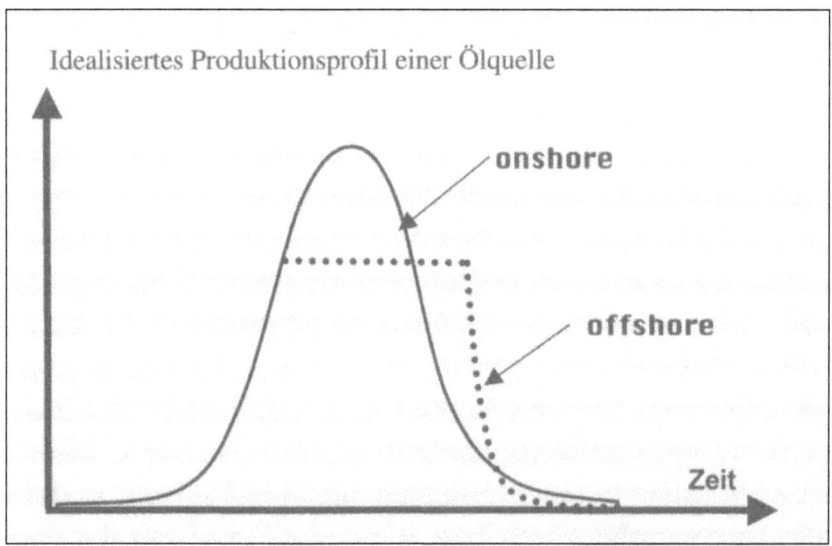

Abb. 4 Idealisiertes Förderprofil eines Ölfeldes [3]

Aus ökonomischen Gründen wird man versuchen, den Rückgang der Produktion jenseits des Maximums zu verzögern. Hier gibt es allerdings einen grundsätzlichen Unterschied zwischen der Ölförderung auf dem Land und im Meer. Bei Onshore-Anlagen ist eine langsam zurückgehende Förderung mit mehreren Prozenten pro Jahr über viele Jahre hinweg durchaus sinnvoll, da die getätigten Investitionen die laufenden Betriebskosten bei weitem übersteigen. In Offshore-Gebieten versucht man die Ölfelder so schnell wie möglich auszubeuten, da sich die hohen Betriebskosten der Plattformen nicht mehr lohnen, wenn die Produktion unter eine bestimmte Rate zurückfällt [4]. Der charakteristische glockenförmige Verlauf der Förderung, der für ein einzelnes Ölfeld gilt, gilt auch für Aggregate von Ölfeldern und somit auch für den Verlauf der Weltölförderung. Der Scheitelpunkt der Kurve wird ungefähr dann erreicht, wenn die Hälfte des vorhandenen Öls bereits gefördert ist.

Für die Versorgung der Welt mit Öl sowie für die Preisbildung auf den Märkten ist die jeweils aktuell verfügbare Menge entscheidend. Gegenwärtig beträgt die Weltölförderung ca. 74 Mio. Barrel pro Tag [5]. Bestimmend für die künftige Entwicklung wird sein, ob in den nächsten Jahren die Förderung weiter ausgeweitet werden kann, an eine obere Grenze (Peak Oil) stößt oder gar abnimmt. Entscheidend ist also, wie lange und wie weit die Weltölförderung noch wachsen kann. In diesem Zusammenhang ist die Frage nach der Menge der verfügbaren Reserven eher zweitrangig. Als Maß für die Verfügbarkeit von Öl wird oft die statische Reichweite (Wie viele Jahre reicht das noch vorhandene Öl bei heutigem Verbrauch aus?) angegeben. Dabei gilt den meisten Menschen eine Reichweite von 40 Jahren als beruhigend langer Zeitraum. Diese Vorstellung ist jedoch irreführend. Denn die Förderung verläuft nicht auf einem konstantem Niveau, um dann plötzlich in dem Moment abzubrechen, wenn alles Öl verbraucht ist, sondern der Verlauf folgt der zuvor angesprochenen Glockenkurve. Erdöl wird es auch noch in 100 Jahren und darüber hinaus geben, allerdings werden sich die täglichen Förderraten deutlich unter dem heutigen Durchschnitt bewegen. Ist einmal das Fördermaximum überschritten, verläuft die Förderquote nur noch abwärts, sodass die Nachfrage nach Erdöl nicht mehr vom Angebot gedeckt werden kann. Der Übergang von tendenziell zunehmender zu tendenziell abnehmender Produktion ist der Zeitpunkt, an dem die Endlichkeit der Ressourcen sich erstmals auf den Märkten widerspiegelt. Dies wird zur einer weit greifenden und dauerhaften Veränderung des Investitionsverhaltens führen, wegstrebend vom Öl und hin zu den möglichen Alternativen der Energieversorgung bzw. zu Nachwachsenden Rohstoffen. Das Erreichen des weltweiten Fördermaximums ist somit der aussagekräftige Indikator für kommende Strukturbrüche und nicht die Reichweite der Ölreserven. Daher wird der Strukturbruch sehr viel früher kommen, als die meisten Leute meinen.

5. Hoffnung „Unkonventionelles Erdöl"

Wie man weiß, befinden sich im mittleren Osten sehr große Erdölmengen. Dieser Reichtum ist weniger auf eine besonders große Menge von im Verlauf der Erdgeschichte entstandenem ölhaltigen Muttergestein zurückzuführen, sondern eher auf den Umstand, dass das Material besonders gut mit Salz abgedichtet wurde und so bis heute erhalten blieb [3]. In Bezug auf die Entstehungsvoraussetzungen waren zwei Gebiete auf der Erde wesentlich ergiebiger als der mittlere Osten. Dies sind zum einen ein großes Becken, das sich in der Kreidezeit von Peru bis Trinidad erstreckte und zum anderen das Alberta-Becken im westlichen Kanada. Dort entstanden zwar ungeheure Mengen von Ölmuttergestein, allerdings mangelte es an hermetischen Abdichtungen. Im Laufe der Erdgeschichte schoben sich große Mengen des Ölgesteins an den Seiten der Fallen vorbei und erodierten dann unter der Einwirkung von Bakterien und chemischen Vorgängen nahe der Oberfläche. Auf diesen beiden Becken ruhen heute die Hoffnungen, wobei man aus den großen Mengen an unkonventionellen Schwerölen und Ölsanden künftig im großen Maße Öl gewinnen will [8].

Als unkonventionelles Öl bezeichnet man Ölschiefer, Ölsand (manchmal auch als Teersand bezeichnet), Schwer- und Schwerstöl sowie Flüssiggas und Kondensat. Flüssiggase und Kondensate bestehen aus kurzen Kohlenwasserstoffketten im Übergangsbereich zu Erdgas. Beide sind bei hohem Druck flüssig und bei geringem Druck gasförmig. Das in Gasflaschen verkaufte Propan oder Butan gehört z.B. auch zu dieser Kategorie. Nur in den USA haben NGL (Natural Gas Liquids) einen bedeutenden Anteil an der Produktion. In den Reserve- und Produktionsstatistiken, die bei der Länderanalyse durchgeführt wurden, sind NGL wie in den meist öffentlich, verbreiteten Reservestatistiken dem Erdöl zugerechnet worden. Ökonomen unterscheiden konventionelles und unkonventionelles Erdöl auch gerne über den Preis. Danach wird das teuer zu erschließende Öl als unkonventionell bezeichnet, da dieses aufgrund seiner Eigenschaften aufwendiger zu produzieren ist. Weiterhin unterscheidet man Tiefsee- und Polaröl (nördlich des Polarkreises) als weitere Formen des unkonventionellen Öls. In öffentlichen Statistiken werden diese Ölvorkommen nicht von konventionellem Erdöl unterschieden, da sie oft die gleichen Eigenschaften (Dichte, Viskosität,...) aufweisen. Explorateure von Ölfirmen rechnen sie jedoch eher zu den nicht-konventionellen Erdöl, da diese Vorkommen in geografisch und klimatisch extremen Zonen auftreten und dementsprechend die Ölförderung auch wesentlich aufwendiger ist.

5.1.   Schweröl und Teersand

Schweröle sind bezüglich der petrochemischen Eigenschaften am ehesten mit dem Rohöl vergleichbar. Jedoch unterscheiden sie sich wesentlich in der Dichte und ihrer Viskosität.

Schweröle erfordern deshalb erheblich höhere Aufwendungen um sie aus dem Gestein zu lösen. Die Abbaumethoden von Schwerölen sind viel stärker mit dem Erz- oder Mineralienabbau verwandt als mit der konventionellen Erdölförderung. Somit kann die Produktion nicht so schnell erhöht werden wie bei der konventionellen Ölförderung. Nach dem Überschreiten des Fördermaximums der konventionellen Ölförderung kann dieser Produktionsrückgang also nicht durch eine entsprechend schnelle Erhöhung des Abbaus unkonventioneller Ölreserven ausgeglichen werden.

Schweröl wird durch seine Dichte bestimmt, Teersand durch seine Zähflüssigkeit. Zur Einteilung der Öldichte hat sich die von dem American Petroleum Institute eingeführte Messgrößre °API (Grad API) durchgesetzt. Je größer der Wert ist, desto leichter und hochwertiger ist das Öl; je geringer, desto zäher und minderwertiger ist es. Auf diese Weise ergeben sich vier Kategorien von Schweröl [3]:

➢ Schwere Öle miteiner Dichte von 17,5 - 20 °API

➢ Schwere Öle mit einer Dichte von 10 - 17,5 °API

➢ Extra schwere Öle mit einer Dichte von 10 ° API

➢ Teersande (Bituminöse Schweröle mit hoher Viskosität, die mit normalen Methoden nicht gefördert werden können)

5.2. Schweröl in Kanada und Venezuela

Der westkanadische Teersand wird zu den Schwerölen gezählt. Das Vorkommen erstreckt sich über ein Gebiet von ca. 80.000 km², womit es größer ist als die Fläche Bayerns [3]. Allerdings ist die Qualität der Teersande innerhalb dieses Gebietes sehr unterschiedlich. Eine besonders hohe Konzentration im Boden weisen die Teersande auf, die man im Athabasca Dome im Osten von Alberta, einer Antiknilalfalte von 240 km Länge und 110 km Breite, findet. Dieses Vorkommen enthält ungefähr 990 Gb [3]. Insgesamt könnten in dem Gebiet, das sich von Athabasca nach Westen bis Peace River und nach Süden bis Cold Lake erstreckt, über 2.500 Gb Öl vorhanden sein [3]. Angesichts solcher Ölmengen könnte man sich entspannt zurücklehnen, wenn es eben nicht das Problem der aufwendigen und kostspieligen Ölgewinnung gäbe. Denn um an den Teersand zu kommen, muss zunächst eine Abdeckschicht abgetragen werden. Diese beträgt in den günstigsten oberflächennahen Gebieten etwa 10 - 20 m. Das Öl nimmt im Teersand einen Anteil von ca. 10 - 20 % ein [3]. Der Rest besteht aus Sand, Lehm und etwa 5 % Wasser. In dieser Gegend werden seit 1967 Ölsande abgebaut. Doch die Förderung ist mühsam und der Weg vom Ölsand zum Rohölersatz ist weit. Deswegen werden unter heutigen Bedingungen (2001) lediglich 4 Gb als abbauwürdig erachtet. Dieser Wert könnte sich bei deutlich höheren Ölpreisen und verbesserten Abbaumethoden auf bis zu 300 Gb erhöhen [3]. Es ist allerdings eine gewisse Skepsis angebracht, ob der Ölsand abgebaut werden wird, da mit zunehmenden Kosten und Umweltbeeinträchtigungen auch die Alternativen (Solarthermie, Biodiesel, Holzpellets, etc) zur Ölnutzung attraktiver werden. Im Jahr 2001 wurden in Kanada 340.000 b/d an aus Teersand gewonnenen synthetischen Rohöl produziert. Parallel dazu wurden 880.000 b/d Schweröl, Extraschweröl, nicht weiter verarbeitetes Bitumen und 160.000 b/d Flüssiggas gewonnen. Das waren 2001 bereits mehr als in Kanada aus konventionellen Rohöl (810.000 b/d gewonnen wurde [3].

Es ist absehbar, dass der Abbau von Teersanden und die Produktion von synthetischen Rohöl in Zukunft noch gesteigert wird. Aber damit steigen auch die Produktionskosten, die Energiekosten und die Umweltbelastungen. Bei den heutigen Abbaumethoden, die die ergiebigsten und oberflächennächsten Schichten betreffen, werden pro Tonne erzeugten synthetischen Rohöls etwa 25 t Abraum abgetragen, die teilweise mit chemischen Lösungsmitteln kontaminiert sind. Sollten etwa 10 % der heutigen Weltproduktion aus dieser Gegend kommen, dann wären das ungefähr 8 Mio. b/d, oder anders gesagt, jeden Tag würden etwa 4 bis 5 Cheopspyramiden aus Abraummaterial in Alberta angehäuft werden; jedes Jahr wären dies rund 1.600 Pyramiden [3]. Eine unter ökologischen Aspekten gebotene und zufrieden stellende Sanierung aller Gebiete nach Beendigung des Abbaus der Teersande stellt einen erheblichen zusätzlichen Kostenfaktor dar, der heute noch nicht berücksichtigt wurde.

Eine weitere große Ablagerung mit extraschwerem Öl und einem hohen Schwefelgehalt befindet sich in Venezuela. Das Vorkommen im Gebiet nördlich des Orinoco erstreckt sich auf über 54.000 km² und liegt in einem porösen Miozänsand in einer Tiefe von 600 - 1.200 m [3]. Das Vorkommen wird auf etwa 1.200 Gb Schweröl geschätzt, die sich auf vier Gebiete entlang des Orinoco aufteilen. Es werden ungefähr 52 Gb als unter heutigen Bedingungen fördertauglich angesehen. Anders als allgemein üblich, veröffentlicht Venezuela seine Reservezahlen als Summe von konventionellen und nichtkonventionellen Öl. Von den angegebenen 76 Gb sind 52 Gb Schweröl und 24 Gb konventionelles Öl. Die Schwerölproduktion beträgt etwa 125.000 b/d [3].

5.3.   Ölschiefer

Der Name Ölschiefer führt auf eine falsche Spur, denn es handelt sich weder um Schiefer noch um Öl, sondern um Kerogen, ein unausgereiftes Ölmuttergestein. Dieses organische Material ist mit einigen Prozent im tonartigen Sedimentgestein enthalten [4]. Um daraus Öl zu gewinnen, muss das Gestein auf rund 500 °C erhitzt werden. Bei der normalen Entstehung von Erdöl wird dieser Vorgang von der Natur selbst durchgeführt. In der Tat hat Ölschiefer mehr mit Kohle gemein als mit konventionellem Öl. In der Regel wird das Gestein geschürft, es kann aber auch an Ort und Stelle verbrannt werden. Wobei sich diese mit hohen Emissionen behaftete Methode noch im Experimentierstadium befindet. Die geförderte Menge an Ölschiefer liegt derzeit bei einigen Tausend Barrel pro Tag [5]. Das es viele Ölschiefer-Lagerstätten auf der Welt gibt, stellen diese theoretisch eine beachtliche Ressource dar. Doch realistische Kalkulationen zeigen, dass bei der Gegenüberstellung von Energieertrag und des erforderlichen Energieaufwands die Differenz fast gleich null beträgt. Die Quint Essenz ist also, dass Ölschiefer selbst in ferner Zukunft wohl kaum eine große Rolle auf der globalen Bühne spielen wird.

5.4. Tiefseeöl

Die Erdkruste besteht aus großen getrennten Platten, die sich innerhalb von enormen Zeiträumen kontinuierlich bewegen. Die Platten stießen zusammen, splitteten und brachen auseinander, wobei sich z.b. auch die heutigen Meeresböden in der Vergangenheit änderten. Das Innere dieser Krustenplatten besteht in der Regel aus Granit, der Boden der Ozeane aus Basalt. In Gebieten mit diesen Gesteinsformationen kann es kein Erdöl geben [3]. Eine nur sehr spezielle Kombination geologischer Umstände führte dazu, dass heute in eineigen Regionen tief unter dem Wasser Öl gefunden werden kann. Das Bohren und die Förderung in sehr großen Tiefen stellt technisch gesehen keinen Engpass mehr dar. Allerdings bleibt die Schwierigkeit, das bei der Ölförderung anfallende Gas küstenfern zu entsorgen. Zum Teil hat man dieses Problem heute gelöst, indem man das Gas zurück in das Reservoir pumpt, wobei durch den Druck das Öl schneller gefördert werden kann.

Im Golf von Mexiko wurde in den letzten Jahren besonders intensiv exploriert und Öl gefördert. Einige Felder wurden bereits entdeckt und es ist durchaus realistisch noch weitere Felder zu finden. Weitere wichtige Regionen liegen im Atlantik vor der Küste Brasiliens und Westafrikas. In Brasilien wurden die ersten Ölfelder Anfang der 1940er Jahre entdeckt. Mit Albacora, Marlim und Rocador wurden große Funde mit jeweils 1 - 3 Gb Inhalt gemacht [4]. Bis heute sind 14 Gb vor der Küste Brasiliens entdeckt worden, der größte Teil davon in Meerestiefen von mehr als 500 m. Insgesamt sind in Brasilien noch etwa 12 Gb an Reserven bekannt [3].

In Angola begann man in den 1960 Jahren im flachen Küstenbereich und in den 1980er Jahren im tiefen Atlantik zu suchen. In den letzten 15 Jahren sind die Ölfunde von 5 Gb auf über 15 Gb angestiegen. Jedoch hat es den Anschein, dass Angola mit über 2 Gb im Jahr

1998 den Höhepunkt der Neufunde hatte. Die Förderrate im 2001 betrug mit etwa 0,7 Mb/d etwa 1 % der Weltförderung [3].

Die entdeckten, ertragreichen Gebiete in der Tiefsee befinden sich alle in einer besonderen tektonischen Plattenkonstellation. In fast der gesamten pazifischen Region findet man nicht derartige Verhältnisse, daher ist es zweifelhaft, dass es dort viel Erdöl geben kann. Eine der wenigen Ausnahmen liegt im Südchinesischen Meer. Man kann davon ausgehen, dass die Hauptaktivitäten, Tiefseeöl zu entdecken und zu fördern um das Jahr 2020 vorüber sein werden und der Höhepunkt der Produktion zwischen 2005 und 2010 erreicht wird bzw. wurde [3].

5.5.   Polaröl

Als polares Öl bezeichnet man Öl, dass in Öllagerstätten nördlich und südlich des 66. Breitengrades findet. Dies ist vor allem das Öl in Alaska und in Sibirien. In diesen Breiten stellt die Ölförderung eine hohe Herausforderung dar. Es ist sehr wahrscheinlich, dass sich in polaren Wüsten keine erstklassigen Ölvorkommen verbergen, da durch das gewaltige Gewicht der Eisdecken immer wieder ausgedehnte vertikale Bewegungen der Erdkruste stattfanden, welche wiederum in manchen Fällen die Abdichtungen oder das Ölmuttergestein zerstörten. Am Südpol konnten 21 geologische Becken identifiziert werden, die theoretisch Erdöl enthalten könnten [3]. Wenn man allerdings diese Orte detaillierter untersucht und die mittlerweile üblichen Bewertungskriterien anwendet, verdienen sie kaum noch die Bezeichnung „Vorkommen" [4]. Genaue Untersuchungen gestalten sich am Südpol immer schwieriger, da der Südpol aus Umweltschutzgründen für Explorationen gesperrt ist [3]. Die arktische Region scheint dagegen ergiebiger zu sein. Es gibt interessante Landgebiete in Russland, Nordamerika und Grönland, die an riesige kontinentale Schelfs grenzen. Dort könnte es Ablagerungsbecken mit möglichen Ölvorkommen geben. Alaska führt mit dem größten US-Ölfeld Prudhoe Bay die Liste der Gebiete an, in denen noch weitere Ölreserven vermutet werden. Dessen riesige geologische Formation scheint jedoch ein Sonderfall zu sein, denn ein vergleichbares Vorkommen hat man seit dem nicht mehr gefunden. Explorationsergebnisse wurden auch in der Barentssee gesammelt. In dieser polaren Region im Norden von Norwegen wurden etliche Gasvorkommen entdeckt, die zuweilen auf eine dünne darunter liegende Ölschicht hinweisen, aber insgesamt sind die Voraussetzungen für die Erdölentstehung wohl nicht ideal gewesen. Noch weiter im Osten liegen die großen unerforschten Polarschelfs von Russland. Bisher wurde in dieser Region noch kein Erdöl gefunden, lediglich große Gasfelder wie in Norwegen [3].

6. Fazit und Ausblick

Die größte Problematik in Hinblick auf die Nutzung von Erdöl ist, dass sich unser Leben bzw. unsere Energieversorgung (40,9 % am PEV) stärker denn je an der Ressource Erdöl orientiert und von dieser abhängig ist. Heute haben wir in nur wenigen Jahren (ca. 150 Jahre) etwa die Hälfte der Erdölreserven auf der Erde verbraucht, welche in einem Zeitfenster von mehreren Millionen Jahren entstanden sind. Hieraus wird ersichtlich, dass unsere Reserven nicht mehr lange ausreichen werden. Aus heutigen Abschätzungen beziffert man die Erdölreserven auf rund 1.000 Gb. Berücksichtigt man eine jährliche Produktion von ca. 30 Gb, so resultiert hieraus eine statische Reichweite von rund 33 Jahren.

Bei der Bewertung der zukünftigen Entwicklung der Erdölnutzung wird allerdings ersichtlich, dass die statische Reichweite wenig aussagekräftig ist. Entscheidend für die Versorgung der Welt mit Erdöl sowie für die Preisbildung auf den Märkten ist die jeweils aktuell verfügbare Menge. Ist einmal das globale Fördermaximum (Peak Oil) überschritten, verläuft die Förderquote nur noch abwärts, sodass die Nachfrage nach Erdöl nicht mehr vom Angebot gedeckt werden kann. Dies hat sehr hohe Ölpreise zur Folge, wobei hier zum ersten mal eher wirtschaftliche anstatt politische Gründe den Preisverlauf vorgeben. Zudem wird in der Zukunft der Einfluss der OPEC-Staaten auf den Ölpreis bzw. auf das Marktgeschehen enorm ansteigen, da in diesen Ländern noch mehr als 2/3 der weltweiten Ölreserven zu finden und zu fördern sind. Diese Preisentwicklung wird zu einer weitgreifenden und dauerhaften Veränderung des Investitionsverhaltens führen, wegstrebend vom Öl und hin zu den möglichen Alternativen der Energieversorgung bzw. zu Nachwachsenden Rohstoffen. Allerdings wird mit zunehmenden Preis und besseren Abbautechniken der Anteil unkonventioneller Öle auch im zunehmenden Maße interessanter. Zusammenfassend lässt sich hierbei sagen, dass die großen nichtkonventionellen Ölressourcen vor allem in Form von Ölsanden in Kanada und Venezuela liegen. Doch deren Erschließung geht langsam von statten, ist teuer und bringt große Umweltbelastungen mit, sobald man in diesem Bereich in größerer Menge abbauen will. Die Erforschung der Tiefsee wird nur sehr begrenzt neue Ölvorkommen ergeben, da in den meisten Gebieten die Voraussetzungen zur Entstehung von Erdöl in der Vergangenheit nicht gegeben waren.

Somit ist es heute eine Notwendigkeit, dass wir uns um mögliche Alternativen auf Basis erneuerbarer Energien (Solarthermie, Holzpellets und -hackschnitzel, Biokraftstoffe, Brennstoffzelle, etc...) bemühen und diese marktfähig gestalten, sodass ein reibungsloser Übergang in eine neue Generation der Energieversorgung gewährleistet werden kann.

7. Quellenverzeichnis

[1]   Prof. Dr.-Ing. A. Loewen, Erneuerbare und nicht erneuerbare Ressourcen, Studiengang Nachwachsende Rohstoffe und Erneuerbare Energien, Göttingen WS 2006

[2]   Bertelsmann Electronic Publishing, CD-ROM, Bertelsmann Universal Lexikon, Bertelsmann Lexikon Verlag GmbH, Gütersloh, München, 2002

[3]   Global Challenges Network (Hrsg.), Ölwechsel Das Ende des Erdölzeitalters und die Weichenstellung für die Zukunft, Deutscher Taschenbuch Verlag, München 2002, ISBN 3-423-2432-4

[4]   Kostbares Erdöl, WDR Fernsehen – Quarks & Co (Hrsg.), online: http://www.quarks.de/pdf/QuarksErdoelcwdr2004.pdf

[5]   Zahlen und Statistiken zum Erdöl, http://www.energiekrise.de/oel

[6]   Erdöl bewegt die Welt – Von der Quelle bis zum Verbraucher, Hrsg. Deutsche BP Aktiengesellschaft, 2007

[7]   T. Seilnacht, Erdöl- und Erdölverarbeitung, online: http://www.seilnacht.com/ Lexikon/erdoel.html, 2007

[8]   Basil Gelbke, Ray Mc. Cormack, The Oil Crash - Dokumentarfilm, KNM Home Entertainment GmbH, 2006

8. Abkürzungsverzeichnis

API	American Petroleum Institute
b	Barrel
Bzw.	beziehungsweise
°C	Grad Celsius
Ca.	circa
d	day
EJ	Exa Joule (10^{18})
EUR	Estimated Ultimate Recovery
Gb	Giga Berral (10^9)
kg	Kilogramm
km	Kilometer
km²	Quadratkilometer
l	Liter
m	Meter
Mb	Mega Barrel (10^6)
Mio.	Million
NawaRo	Nachwachsende Rohstoffe
OPEC	Organization of the Petroleum Exporting Countries
PEV	Primär-Energie-Verbrauch
%	Prozent
t	Tonne
USA	United States of America
z.B.	zum Beispiel